Gerdi Ziegler

Die Figurengestaltung in der narrativen Darstellung des historischen Romans und der Historiographie bei Alfred de Vigny und Jules Michelet: ein Vergleich

GRIN Verlag

Bibliografische Information der Deutschen Nationalbibliothek:

Die Deutsche Bibliothek verzeichnet diese Publikation in der Deutschen National-
bibliografie; detaillierte bibliografische Daten sind im Internet über http://dnb.d-
nb.de/ abrufbar.

Impressum:

Copyright © 1998 GRIN Verlag GmbH
Druck und Bindung: Books on Demand GmbH, Norderstedt Germany
ISBN: 978-3-640-89881-7

Dieses Buch bei GRIN:

http://www.grin.com/de/e-book/7798/die-figurengestaltung-in-der-narrativen-
darstellung-des-historischen-romans

Die Figurengestaltung in der narrativen Darstellung des historischen Romans und der Historiographie bei Alfred de Vigny und Jules Michelet: ein Vergleich

von

Gerdi Ziegler

SS 1998
Hauptseminar
Romanistik Literaturwissenschaft
"Historischer Roman"

G. Ziegler
Universtität Münster

Hausarbeit

(Hauptseminar)

Die Figurengestaltung

in der narrativen Darstellung
von Historiographie und historischem Roman

am Beispiel von
Jules Michelet **und** *Alfred de Vigny*

Inhalt

0. Einleitung/Problemstellung der Arbeit

Ausgehend vom Vergleich typischer Erzählverfahren im historischen Roman des 19.
Jahrhunderts mit historiographischen Werken der nämlichen Epoche lassen sich -
allgemein begründet im Geschichtsverständnis der Zeit - zwei wesentliche Kategorien
des jeweils Dargestellten ausmachen: die Beschreibung von *Ereignissen* in der
Bedingtheit ihrer Anlage und Folgewirkung einerseits, sowie insbesondere die
Deskription bzw. Ausgestaltung der handelnden *Figuren* in Physionomie, Charakterbild
und Bedeutungsschwere für den Her- und Fortgang des Geschehens andererseits.

Diese Darstellungsverfahren im historiographischen wie im narrativen Diskurs stehen in
nachweislicher Abhängigkeit sowohl zur *Geschichtskonzeption* des jeweiligen Autors
allgemein, als auch zu seinem Verständnis bzw. Bild von der betreffenden
darzustellenden Epoche im Besonderen, das in Zusammenhang steht mit einer
Problematisierung der Erfaßbarkeit bestimmender Konstituenten menschlicher Existenz.

Schwerpunkt dieser Arbeit soll sein, jene erzähltechnischen Strukturen der
Figurendarstellung basierend auf der zugrunde gelegten Geschichtskonzeption anhand
zweier Beispiele aus dem narrativen und historiographischen Diskurs des 19.
Jahrhunderts herauszuarbeiten und vergleichend zu erläutern.

Die grundsätzlich - oder besser 'erklärtermaßen' - andere Ausgangslage von Romancier
und Historiograph gerade in der Anlage der Figuren mag ein Kommentar Michelets zu
Vignys Personnagen in "Cinq-Mars" zeigen:

"Vigny a traité les grands hommes des temps modernes comme les héros légendaires de
l'Antiquité, qui symbolisaient aux yeux des anciens une époque et une race."[1]

Allein die Argumentationsstruktur Michelets in diesem Kommentar deutet auf den
Bewußtseinsgrad einer "historischen Gesinnung"[2] des Historiographen im 19.

---

[1] In der "Préface" der 1827 erschienenen, von Michelet angefertigten Übersetzung von Vicos "Principii di una scienza nuova d'intorno alla comune natura delle nazioni" (1725). MICHELET, J.: Principes de la philosphie de l'histoire. Traduits de la Scienza nuova de Giambattista Vico. In: MICHELET, J.: Oeuvres complètes. Paris, 1971. Bd. 1, S. 420.

Jahrhundert, welches Maigron als das "siècle [...] de l'histoire"[3] bezeichnet wissen möchte.

Bevor die genannten Autoren mit den ihnen eigenen Darstellungsweisen untersucht werden, soll gezeigt werden, inwiefern die von Foucault nachgewiesene "discontinuité" auf dem "champs épistémologique"[4] und die Frage nach den Bedingungen der Möglichkeit von Wissen[5] die tradierten Diskursformen verändern bzw. nachweisbar in ihnen fortwirken:

"...on voit que le système des positivités a changé d'une façon massive au tournant du XVIIIe et du XIXe siècle. Non pas que la raison ait fait des progrès mais c'est que le *mode d'être* des choses et de l'ordre qui en les repartissant les offre au savoir a profondément altéré."[6]

So ändert sich nämlich Wahrnehmung und Bedeutung nicht nur des einzelnen Individuums innerhalb der Geschichte, sondern auch das allgemeine - eigentlich seit Menschengedenkren vorhandene - Bewußtsein von der Geschichte der Menschheit mit der inhärenten Problematik einer verläßlichen Übermittlung bzw. sinntragenden Vermittlung von 'Geschichte'.
Sowohl im historischen Roman des 19. Jahrhunderts als auch in der - vergleichsweise eindrücklichen - Geschichtsschreibung zum Beispiel Michelets wird die Gebundenheit der Individuuen in ihrer "destinée" an das allgemeine, nur *vermeintlich objektiv* wahrnehmbare Fortschreiten der Zeit exemplarisch nachvollziehbar.

1. Geschichtsbewußtsein und Geschichtsschreibung vor dem 19. Jahrhundert

Der Blick auf die Personnagen in Roman und Historiographie der ersten Jahrzehnte des 19. Jahrhunderts kann nicht ohne eine vorherige Klärung der Bedeutung des Phänomens "Geschichte" für die geistige, wissenschaftliche und schließlich literarische Situation jener Zeit erfolgen. Zu klären ist der Status geschichtlichen Bewußtseins einer "pensée

---

[2] AUERBACH, E.: Mimesis. Tübingen/Basel, 1994. Zuerst 1946. S.44.
[3] MAIGRON, L.: Le roman historique à l'époque romantique. Paris, 1912. S. 205.
[4] FOUCAULT, M.: Les mots et les choses. Paris, 1966. S.13.
[5] Vergl. FOUCAULT, M.: ebd., S. 13/14.
[6] FOUCAULT, M.: ebd., S. 14. Kursiv nicht im Original.

moderne"[7] am Ende des "âge classique", die nicht nur Voraussetzung der Produktion

geschichtsbezogener Werke im weitesten Sinne (Geschichtsphilosophie, Roman,

Historiographie, etc.) und begeisterte Rezeption derselben war, sondern gerade jene

fundamentale Veränderung des Epistemewandels versinnbildlicht, die für die weitere

Beschäftigung - nunmehr wissenschaftlicher - Art mit der Menschheitsgeschichte im

Gegensatz zu vorangehenden Zeiten prägend bestimmt.

Der noch teleologischen, am biblisch-heilsgeschichtlichen Schema Orientierung

Bossuets im 17. Jahrhundert, für welche ein unerschütterlicher, überall erkennbarer

Glaube an die "Providence divine" prägend war, folgen im 18. Jahrhundert insgesamt

viele Utopien (wie z.b. Voltaire, "Candide"; Diderot, "Supplément au voyage de

Bougainville"; Marivaux, "L'île des esclaves"), deren teils pessimistische Grundhaltung

bezüglich menschlicher Herrschaftsformen implizit Kritik an der so gelagerten

christlichen Geschichtseinstellung enthält.

Voltaire, dem Bossuet als negatives Beispiel gilt, unterwirft die Geschichtsdarstellung

seinen drei thematisch bestimmenden Passionen[8]. Während Kirche und Religion sich

eher in einer 'crise collective' befinden, übernimmt die Geschichte - so weit und vage sie

auch verstanden sein mag - einen existenzsichernden Platz im Denken Voltaires. Die

wertende Beschreibung des vorangehenden, philosophisch herausragenden Jahrhunderts

ergeben die Prämissen des voltairschen historischen Diskurses. Der Herrscher des

"siècle le plus glorieux"[9] wird als 'aufgekärter' Monarch rehabilitiert.

Voltaires Art der Geschichtsschreibung als "homme des lumières" wird vor allem

bestimmt von einer 'histoire des idées', die als Geistesgeschichte die eigentliche

Grundlage des nationalen Bewußtseins und die vergangenen Epochen in der steten

Fortentwicklung der "raison" vereint, an deren Höhepunkt stehend er schreiben kann.

Sein Anspruch der 'besten' Perspektive findet darin seine Rechtfertigung.

Ohne erklärtermaßen über einen geschichtsphilosophischen Ansatz zu verfügen, und

stets vom die Menschheit tragenden Nexus zwischen menschlichem Geist und

---

[7] FOUCAULT, M.: ebd., S. 344.

[8] "Voltaire a eu [...] trois passions: la religion, l'histoire et la justice." GUITTON, E.: Voltaire. In:
Universalis. Paris, 1993. Bd. 19. S. 1039.

[9] VOLTAIRE: Lettre à M. l'Abbé Dubos, 1738. Zitiert nach: EHRARD, J./PALMADE, G.P. (Hg.):
L'histoire. Paris, 1965. S. 164.

allgemeinem "devenir" gelenkt, verfaßt er innovativ eine "histoire universelle", die durch das minutiöse Sammeln von Fakten und Quellen dem Rezipienten eine möglichst genaue Vorstellung der Geisteshaltung einer Epoche zu vermitteln sucht, ohne die Darstellung jedoch sinnlos mit Details zu überfrachten oder den Blick für das von ihm als das 'Wesentliche' erkannte zu verlieren. Um jedoch seiner Darstellung den beanspruchten Wahrheitscharakter zuschreiben zu können und von jedem Eindruck der Legendendichtung zu befreien, tritt die Frage nach der Möglichkeit historisch authentischer Darstellungsweisen in den Vordergrund. Er erläutert die Problematik im Zusammenhang mit der "Histoire du siècle de Louis XIV":

"Il y longtemps que j'ai assemblé quelques matériaux pour faire l'histoire du siècle de Louis XIV. Ce n'est pas tout simplement la vie de ce prince que j'écris, ce ne sont point les annales de son régime; c'est plutôt l'histoire de l'esprit humain, puisée dans le siècle le plus glorieux à l'esprit humain."[10]

Die Problematik der "Form" historischer Darstellung ist erkannt, wenn er sich einerseits verbietet, von den vermeintlichen historischen Größen jene "trop beaux portraits"[11] zu zeichnen, an denen gemeinhin der rückblickend gute oder schlechte Verlauf der Geschichte festgemacht wird. Zwar arbeitet er exakt an den Quellen entlang, erwartet jedoch von seiner Arbeit mehr als die bloße Erstellung von nur chronologisch ablaufenden Annalen, die der Bedeutung historischer Ereignisse im Gesamtzusammenhang des "esprit des hommes"[12] nie gerecht werden können.

2. Geschichtsbewußtsein im Zeichen des Individuums

2.1. Chateaubriand

Was Palmade für das Phänomen Geschichte feststellt, nämlich daß sie sich verändert und zwar mit dem Leben verändert ("Parce la vie et le monde changent, l'histoire a changé"[13]), gilt insbesondere für die Geschichtsschreibung im neuen Jahrhundert, an dessen Auftakt der vermeintliche 'Erfinder' des Romantisme mit seinem Werk *Génie du*

---

[10] VOLTAIRE: ebd., S. 164.
[11] GOLDZINK, J.: Histoire de la littérature française. XVIIIe siècle. Paris, 1988. S. 146.
[12] VOLTAIRE: ebd., S. 164.

christianisme[14] steht. Chateaubriand, dessen omnipräsenter Einfluß auf die literarische
Produktion der aufkommenden Romantik entscheidend prägt, nimmt mit seinem Werke
das melancholische Gefühl der jungen literarischen Generation des *mal du siècle*
vorweg und schafft in der großangelegten Verteidigung des Christentums jene kausale
Interferenz zwischen kulturell schöpferischer Tätigkeit und christlicher
Nationalvergangenheit, durch welche erst der Boden des "engloument pour le roman
historique"[15] bereitet wird, wobei Chateaubriand seinerseits die literarischen Werke
Scotts und die von ihm inaugurierte Strömung des historischen Romans kritisiert[16].
Hier soll nun die Bedeutung von Geschichte erläutert werden, die ihr in jener Hymne
auf den Geist des Christentums zukommt, rezipiert in einer, der Nachrevolutionszeit
eigenen Stimmung. Diese wird einerseits als antikirchlich und antireligiös beschrieben,
trägt aber andererseits auch die Suche nach neuen Kategorien der Orientierung
symptomatisch in sich, resultierend aus der Erfahrung der Revolution, die nicht nur die
Gesellschaft als Kollektiv, sondern das Individuum in seiner Existenz erschüttert.
Geschichte überhaupt entbehrt in der Konzeption Chateaubriands jeder Vorstellung von
Heterogenität. Sie selbst, ihre kritische Darstellung und die Art, sie zu überliefern, bleibt
an die Fortentwicklung des Christentums, seines "génies" gebunden. Der Autor
unternimmt sogar den Versuch, den ihm würdig erscheinenden und gleich nach Bossuet
zu nennenden "premier historien de France"[17], Voltaire - erklärtermaßen Gegner einer
religiösen Auffassung der Historie und Verfechter der menschlichen "raison" als
höchstem Gut - christlich-religiösen Geist für die Abfassung seiner historiographischen
Werke zu unterstellen:

"...c'est qu'en déclamant contre la réligion, ses plus belles pages sont des pages
chrétiennes,..."[18]

Die rechte Geschichtsschreibung nach Chateaubriand fußt aber nicht allein in der
obligatorischen Bindung an den christlichen Geist, sondern - und auch hier wird keine

---

[13] PALMADE, G.P.: L'histoire. In: Universalis. Paris, 1993. Bd. 9, S. 362.
[14] CHATEAUBRIAND, R.-F.: Le génie du christianisme. Paris, 1966. Zuerst 1802.
[15] COUTY, D.: Histoire de la littérature française. XIXe siècle. Paris, 1988. Bd. 1, S. 108.
[16] Vergl. v.a. CHATEAUBRIAND, R.-F.: Essai sur la littérature anglaise, 1836.
[17] CHATEAUBRIAND, R.-F.: Le génie du christianisme. Paris, 1966. (Flammarion). Zuerst 1802. Bd. 1,
S. 446.
[18] CHATEAUBRIAND, R.-F.: ebd., S. 446.

Alternative zu seinen theoretischen Entwicklungen geduldet - in einer stark national fixierten Geisteshaltung, die das französische Volk vor allen anderen - insbesonderen europäischen - Nationen[19] heraustreten läßt:

"Grâce au génie du christianisme, nous allons montrer qu'en histoire l'esprit français a presque atteint la même perfection que dans les autres branches de la littérature."[20]

Das neuerliche Interesse an Wesen und Art der Geschichtsschreibung kann demnach nicht losgelöst von einem neuerwachten, nach Bestätigung und Anerkennung strebenden *Nationalgefühl* gesehen und verstanden werden.

Ein Historiograph, der im Sinne Chateaubriands also die geschichtliche Wahrheit aus dem Bewußtsein einer 'destinée divine' herausschreibt, charakterisiert sich im Gegensatz zu den - ohne Zweifel - hoch anzusetzenden Geschichtsschreibern der Antike[21] durch die Qualität seines Glaubens:

"Chez les anciens, il fallait être docte pour écrire; parmi nous, un simple chrétien, livré, pour seule étude, à l'amour de Dieu a souvent composé un admirable volume;"[22]

In der 'Histoire de l'histoire'[23] erhält Chateaubriand seinen Platz im Zusammenhang mit der Historiographie weniger durch seine eigenen historiographischen Fähigkeiten und Werke[24], sondern dadurch, daß gerade im *Génie du christianisme* die Disposition und Bereitschaft einer Gesellschaft hin zu jenem *Wandel* in der Geistesgeschichte erkennbar wird, an dessen Beginn die Romantik als komplexe Periode steht. Ihre weitreichenden Veränderungen sind nicht nur an der hier im Interesse stehenden Literatur- und Geschichtsschreibung zu erkennen:

" ...son [Chateaubriand] oeuvre [...] prépare la nouvelle école historique, dont les maîtres ont pu le revendiquer comme patron, comme éveilleur..."[25]

---

[19] Vergl. z.B. die Ausführungen über "les anglais." In: CHATEAUBRIAND; R.-F.: ebd., S. 444.

[20] CHATEAUBRIAND, R.-F.: ebd., S. 444.

[21] "...rappeler au lecteur que [...] les historiens de l'antiquité sont [...] supérieurs aux nôtres." CHATEAUBRIAND; R.-F.: ebd., S. 444.

[22] CHATEAUBRIAND, R.-F.: ebd., S. 446.

[23] Vergl. EHRARD, J./PALMADE, G.P. (Hg.): ebd., S. 53.

[24] "Chateaubriand [...] n'est pas un historien." EHRARD, J./PALMADE, G.P. (Hg.): ebd., S. 53. Von den Mémoires d'outre-tombe (1841) soll hier abgesehen werden.

[25] EHRARD, J./PALMADE, G.P.: (Hg.): ebd., S. 53.

Die der Romantik vorgreifenden, erstmals umfassend formulierten Ansätze geben nicht nur der Literatur den kreativen Schub, auch die historiographische Schreibweise empfängt so ihren "nouveau souffle"[26].

2.2. 'Deshistorisation' und Ursprungssuche

Daß die Veränderungen freilich tiefer anzusetzen sind, als nur auf der Ebene einer 'bloßen' Veschiebung geistesgeschichtlicher Prämissen, zeigt die neu entdeckte *Rolle des Individuums* innerhalb des historischen Verständnisses. So erfolgt nicht nur eine Bewußtwerdung, die den Glauben an eine göttliche "histoire providence" ersetzt durch eine Geschichtsvorstellung, in welcher der Menschheit und letztlich dem Einzelnen eine aktive, historisch relvante Rolle zukommt. Anders formuliert, "durchzieht Anfang des 19. Jahrhunderts die Frage nach dem Anteil des Menschen an der willentlichen Gestaltbarkeit der Welt gegenüber dem Plan"[27] der göttlichen Vorsehung die gesamte Diskussion der romantischen Geschichtsschreibung.

Eine Analogie der Epoche der aufkomenden Romantik zum 12. Jahrhundert zu ziehen scheint nicht nur insofern möglich, als daß in der Geschichtsschreibung und eben in der Literatur mit der Gattung des hitstorischen Romans Themen und stofflich überliefertes Gut aus dem moyen âge herangezogen wird. Umgekehrt erscheint die von Le Goff aufgeworfene Frage nach der möglichen Verkankerung der 'neuen' Gattung im Mittelalter in Anbetracht ähnlich gelagerter, dem Anfang des 19. Jahrhunderts vergleichbarer Veränderungen sinnvoll:

"Il me semble que la cause en [accrochement à l'histoire, An. d. Verf.] est le sentiment d'insécurité qui a dominé et orienté pendant longtemps les hommes de Moyen Age. Insécurité intellectuelle aussi bien que matérielle."[28]

Eben dieses Phänomen einer *Rückversicherung* menschlicher Existenz, deren Grundlage in der erkennbaren Vergänglichkeit der Zeit sich immer mehr verwischt, gilt für das

---

[26] EHRARTD, J./PALMADE, G.P.: (Hg.): ebd., S. 53.

[27] GUDE, J.: Geschichtsschreibung und Romantik. Diss.. Hannover, 1996. S. 36.

[28] LE GOFF, J.: Naissance du roman historique au XIIe siècle? In: NRF 238 (Oktober 1972). S. 170/171.

beginnende 19. Jahrhundert, verstanden als ein 'Punkt', an welchem die Menschheit sich ihrer selbst, der Mensch sich seiner selbst in seiner Geschichtlichkeit neu bewußt wird:

"L'homme s'est constitué au début du XIXe siècle en corrélation avec ses historicités, avec toutes ces choses enveloppées sur elles-mêmes et indiquant [...] l'identité inaccessible de leur origine."[29]

In der Zeit, in der sich die modernen Wissenschaften wie zum Beispiel die der modernen Philologie als solche erst herausbilden, muß die Selbstsituierung des Menschen auf eine Leerstelle verweisen, denn das klassische Wissenssystem ("épistemè classique") versagt, nach welchem die menschliche Natur in genau definierten und vorhersehbaren funktionellen Abhängigkeiten zur Natur als solcher befand, eine "science de l'homme" innerhalb des "discours commun" nicht denkbar oder besser nicht 'darstellbar' war[30]. Bestand die Souveränität des Menschen zuvor noch in der Fähigkeit zu "benennen" und damit zu klassifizieren, so sieht er sich nun analog zu den ihn betreffenden Wissenschaften[31] mit seiner eigenen Geschichtlichkeit konfrontiert, die ihn gewissermaßen zu einem "retour à l'origine" zwingt, ihn rückhaltlos der Zeit und Zeitlichkeit aussetzt. Denn im Gegensatz zu allen anderen 'zeitlichen' Dingen fehlt dem Menschen jene *origine*, die zu finden die Hauptsorge der 'pensée moderne' eignet. Dieser erkannte 'Mangel' versinnbildlicht den steten Konflikt der Menschheit mit den "choses", deren Kalender sich immer weiter zurückblättern läßt, in welchem aber - an einem gewissen Punkt angelangt - der Mensch als solcher nicht mehr erscheint[32]. Das System des "savoir classique" entpuppt sich nun als eine 'Notverschmelzung' zweier gänzlich uneinheitlicher Geschichten, deren "Asymmetrie" niemals ihren Ausgleich finden kann. Jeder weitere Versuch, der geradezu paradox dennoch unternommen wird[33], dringt damit tiefer in die Domäne der Ursprungsfrage vor, wobei sich jener 'Ursprung' nur weiter zurückzieht und mehr und mehr verwischt[34].

---

[29] FOUCAULT, M: ebd., S. 341.

[30] FOUCAULT, M: ebd., S. 321/322.

[31] "...de la biologie, de l'économie et de l'étude du langage..." FOUCAULT, M.: ebd., S. 368.

[32] "...elle remonte à un calendrier où l'homme ne figure pas." FOUCAULT, M.: ebd., S. 342.

[33] "...paradoxalement..." FOUCAULT, M.: ebd., S. 344.

[34] "...l'origine elle-même [...] remonte jusqu'à soi dans la dynastie de son archaïsme." FOUCAULT, M.: ebd., S. 345.

Das kritische Bewußtsein von Zeit und Zeitlichkeit erscheinen für Foucault als Prämissen der pensée moderne. In ihnen findet sich jenes Dilemma angelegt, welches die menschliche Existenz bestimmt, nämlich die bedingungslose Anerkennung der 'finitude' des Menschen, welche jede Beziehung zur postulierten 'Ganzheit' der fortschreitenden Zeit als un-denk-bar erkennt. Dieser *mode d'être* des Menschen auf der steten Suche nach seiner Identität über einen definierten Ursprung, erzwingt geradezu die unendlich andauernde Wiederholung:

"...la pensée moderne est vouée, de fond en comble, à la grande préoccupation du retour, au souci de recommencer, à cette étrange inquiétude sur place qui la met en devoir de répéter la répétition."[35]

Im Unterschied zu den Dingen kennzeichnet den Menschen der 'malaise' des "nackten Zustands", in welchem er sich in einer "forme nue de l'historicité"[36] befindet. Unvermeidlich ergibt sich daraus die Frage nach der Geschichte als "la mère de toutes les sciences de l'homme"[37], die eigentlich das verläßliche Gedächnis der Menschen (mit allen notwendigen Einschränkungen und Vorbehalten) sein sollte. Sie allein kann in ihrer Entwicklung als wahre "science de l'homme" vor allen anderen sciences humaines gelten, im Sinne einer "mémoire humaine"[38].

Doch gerade die Art der Geschichtsschreibung, die bis ins 19. Jahrhundert das menschiche Geschichtsverständnis leitet und sichert, findet sich im "grand bouleversement de l'épistémè"[39] zerbrochen und bar jeder vorgefertigten Einheitlichkeit oder Verläßlichkeit. Nach Jahrhunderten der als gesichert geltenden Einteilung aller Phänomene durch den herrschenden *savoir classique* sieht sich der Mensch nunmehr mir *'Leerstellen'* konfrontiert, die klar *zwischen* den festgelegten Wissensdomänen hervortreten. Die sogenannte *"déshistorisation"* des Menschen ergibt sich aus der nicht mehr möglichen eindeutigen Zuordnung seiner selbst:

---

35 FOUCAULT, M.: ebd., S. 345.
36 "...c'est une forme nue de l'historicité humaine." FOUCAULT, M.: ebd., S. 381/382.
37 FOUCAULT, M.: ebd., S. 378.
38 FOUCAULT, M.: ebd., S. 378.
39 FOUCAULT, M.: ebd., S. 379.

"L'être humain n'a plus d'histoire: ou plutôt, puisqu'il parle, travaille et vit, il se trouve en son être propre, tout enchevêtré à des histoires qui ne lui sont ni subordonnées ni homogènes. [...] l'homme qui apparaît au début du XIXe siècle est "déshistorisé".[40]

Das verstärkte Interessse zu Anfang des 19. Jahrhundert an historischen Recherchen und Geschichtsneuschreibungen mit dem Vorsatz, intuitiv Gesetze zu finden, nach denen sich das geschichtliche Geschehen vollzieht[41], ergibt sich demnach nicht allein aus den gern und einleuchtend zitierten politischen oder sozialen Hintergründen der Epoche, sondern aus der Erkenntnis, daß die vormals *gesetzte* Chronologie des Menschen ein Zentrum entbehrt. Der Mensch erkennt sich zwar als geschichtliches Subjekt, jedoch nicht am originären Anfangspunkt, sondern aus der Folge einer Geschichte der Lebewesen, der Dinge und der Worte, an welchen er nur mittelbar teilhat[42].

Die Suche nach neuerlichen Beweisen aus der Vergangenheit der Menschheit zur "Selbst"-Bewußtseins-Sicherung, die z.B. an der Mode historischer Romane oder neuer Geschichtsschreibungen mit Berufung auf die Antike anschaulich wird, beruht jedoch auf einem Trugschluß: die dem Menschen zugänglichen Zeugnisse aus der Vergangenheit erscheinen zwar als historische Dokumente, jedoch im gleichen Lichte der ursprungslosen Menschheit, da sich jeder Beweis als ein "nœud inextricable de temps différnts"[43] erweist, der sich nur bedingt vom Menschen beeinflußbar an den heterogenen Kreuzungen des geschichtlichen Fortschreitens ergibt. Aus dieser Erkenntnis folgt die - eben dem beginnenden 19. Jahrhundert eigene Bestrebung - aus dem vielseitg überlieferten und memorierten menschlichem Geschick - trotz aller Abhängigkeiten - nunmehr "lois générales"[44] zu deduzieren, um in deren wenngleich abstrakten Regelmäßigkeiten einen Gegenpol zur ewigen Erosion menschlicher Gewißheit zu bilden.

Dabei wird nach Foucault eine Präzisierung notwendig, denn schon vor dem Jahrhundertschnitt gibt es in der Geschichtsschreibung eine "histoire explicative", die allgemein gültige Gesetze für das die Menschheit betreffende noch kohärente Weltbild darzulegen versucht (wie zum Beispiel Voltaire mit seinen Essai sur les moeurs (1756)).

---

[40] FOUCAULT, M.: ebd., S. 380.
[41] Vergl. JAN, E.v.: Französische Literaturgeschichte in Grundzügen. Heidelberg, 1967. S. 244/245.
[42] FOUCAULT, M.: ebd., S. 381.
[43] FOUCAULT, M.: ebd., S. 380.
[44] FOUCAULT, M.: ebd., S. 381.

Historiographie als Suche nach allgemeinen Gesetzen des Werdens und Vergehens menschlicher Existenz sieht den "homme déshistorisé" in der stets andauernden Weiterbewegung der Zeit, die ihm in Form von Ereignissen widerfährt:

"...et ce sont les interpretations de l'Histoire à partir de l'homme envisagé comme espèce vivante, ou à partir des lois de l'économie, ou à partir des ensembles culturels."[45]

Zwingend stellt sich die Frage nach dem menschlichen Individuum, das eigentlich nur über seinen "temps individuel ou culturel"[46] verfügt und aus diesem heraus nur urteilen und wahrnehmen kann. "L'homme en tant que tel"[47] ist damit zwar dem Geschehen ausgeliefert und ihm gegenüber von einer nicht zu leugnenden Passivität bestimmt, doch ist es andererseits gerade er allein, der - abstrakt - das menschlichen Leben gezeichnet von Wandelbarkeit lebt, die Sprache nach ihren Regeln spricht, allgemein arbeitet und konsummiert.[48]

Trotz der Instabilität - bedingt in der "finitude"[49] menschlicher Existenz und der vermeintlichen Unmöglichkeit von menschlicher Individualität innerhalb des Gesamtgefüges ("nœud inextricable"!) - kommt dem Einzelnen nach der Erkenntnis des Ausmaßes der Geschichte[50], gerade jene Rolle des zeitlich bindenden Elements zu:

"...l'homme a composé sa propre figure dans les interstices d'un langage en fragments."[51]

Der hier erscheinende Bezug zum "langage", der sich erst von der Doktrin der großen "discours" befreien mußte, fungiert hier als eigentliche Basis der Möglichkeit menschlichen Wissens.

---

[45] FOUCAULT, M.: ebd., S. 382.
[46] FOUCAULT, M.: ebd., S. 344.
[47] FOUCAULT, M.: ebd., S. 382.
[48] FOUCAULT, M.: ebd., S. 381.
[49] FOUCAULT, M.: ebd., S. 385.
[50] "...tout ce qui est pensé le sera encore par une pensée qui n'a pas encore vue le jour." FOUCAULT, M.: ebd., S. 383.
[51] FOUCAULT, M.: ebd., S. 397.

Aus der Deutung des Individuums als "interstice" ergibt sich bezüglich der Historiographie auch eine neue Sichtweise angesichts der Forderung nach einer "verläßlichen" Art einer Schreibung von Geschichte.

3. Problematik der Historiographie

3.1. Strukturen historiographischer Formen

Die kritische Betrachtung der *Formen von Geschichtsschreibung* in einer 'Geschichte der Geschichte' folgt aus dem Nachweis dieser jeweiligen Abhängigkeit des individuellen Historiographen einerseits, sowie des nie "neutralen" Verständnisses andererseits.

Barbéris unternimmt nach der Feststellung, daß der Roman "en même temps qu'une nouvelle conscience de l'histoire"[52] erscheint eine Charakterisierung der Geschichtsschreibung im 19. Jahrhundert. Er stellt Chateaubriand an den Ausgangspunkt seiner Überlegungen, der anstatt den alten historiographischen Strukturen zu folgen, die "forme académique des histoires comparées" inauguriert[53], ohne dabei in den alten, einer rhetorischen Übung gleichkommenden Stil zu verfallen. Vielmehr sind seine Darstellungen und Abhandlungen nicht ohne ihn selbst, die Person Chateaubriand mit ihrer persönlichen Geschichte und Selbstwahrnehmung denkbar. Aus diesem, auf sich selbst bezogenen Geschichtsverständnis heraus (vergl. Chateaubriands Selbstverständnis als berechtigtes Gegenüber von Napoleon![54]), ergibt sich auch die Konstitution einer Figur wie René, nunmehr einem Roman-Personnage, der jenes dramatische, persönliche Erleben von Geschichte zum Ausdruck bringt, dem sich das Individuum zu Anfang des 19. Jahrhunderts nicht entziehen kann.

Für den historiographischen Diskurs ergibt sich die Frage der Relevanz des schreibenden Individuums für die Abfassung historischer Realitäten, das mit seinem eigenen Hintergrund (eingeschlossen sind Kultur, Epoche, persönlicher

---

[52] BARBÉRIS, P.: De l'histoire innocente à l'histoire impure. In: NRF 238 (Oktober 1972). S. 248.
[53] BARBÉRIS, P.: ebd., S. 249.
[54] Vergl. z.B. den Beginn der Préface des Génie du christianisme, in welchem Chateaubriand auf die "Endlichkeit" der Herrschaft Napoleons verweist. CHATEAUBRIAND, R.-F.: ebd., S.43. Vergl. auch Couty, der Chateaubriands egozentriertes Verhältnis zur Geschichte treffend mit "Le moi et l'histoire" faßt. COUTY, D.: ebd., S. 108/109.

Erfahrungshorizont, Stand, Selbstverständnis, etc.) im verfaßten Geschichtswerk in Anlage und sprachlicher Ausgestaltung durchscheint.

Eine Erläuterung der Problematik der Urheberschaft des 'imaginierenden Individuums' in ihrem engen Nexus mit der erzähl- bzw. darstellungstechnischen Realisierung der Figurendarstellung soll der Formanalyse historiographischer Diskurse im 19. Jahrhundert folgen.

3.2. Prämissen historiographischer Diskursformen

White - der seine Formanalyse historiographischer Diskurse im 19. Jahrhundert mit "The historical imagination in nineteenth-century Europe"[55] überschreibt, beginnt die kritische Betrachtung *historischen Wissens* und insbesondere dessen Vertectlichung im "golden age"[56] des vergangenen Jahrhunderts, in welchem sich Geschichte als "professional discipline"[57] etabliert, mit der Feststellung, daß historiographischer Diskurs stets in bestimmten, auf verschiedenen Ebenen fixierten *Strukturen* erscheint:

"...historical discourse [...] is [...] a verbal structure in the form of a narrative prose discourse. Histories [...] combine a certain amount of "data", theoretical concepts of explaining these "data", and a narrative structure for their representation as an icon of sets of events presumed to have occured in times past."[58]

Interessant für die Frage nach der Parallelität von historiographischem und literarischem Schaffen ist hierbei die *narrative Struktur* als ein Merkmal der Geschichtsschreibung des 19. Jahrhunderts, die sich abgrenzt von 'primitiveren' Formen der Historiographie wie den Annalen oder der Chronik[59]. Die narrative Form historiographischer Darstellungen als Ausdrucksmittel der jeweils zugrunde liegenden Geschichtskonzeption ist als eine fundamentale zu erkennen:

---

[55] WHITE, H.: Metahistory: the historical imagination in nineteenth-century Europe. Baltimore/London, 1993. Zuerst 1973.

[56] WHITE, H.: ebd., S. xxi.

[57] WHITE, H.: ebd., S. 135.

[58] WHITE, H.: ebd., S. ix.

[59] Vergl. Whites Analyse zu Erzählstrukturen in der Geschichtsschreibung. WHITE, H.: Die Bedeutung der Form. Frankfurt/M., 1990. Bes.: Die Bedeutung von Narrativität in der Darstellung der Wirklichkeit. S. 11-39.

"Nicht oft genug kann wiederholt werden, daß die Form der Darstellung von Geschichte keine Frage von sekundärer Bedeutung ist. Geschichte als erzählte Geschichte besteht nicht in der Wiedergabe von Quelleninformation, sondern darin, daß solche Informationen in einen deutenden Zusammenhang gebracht werden."[60]

Mink leitet die angedeutete 'sinnstiftende' Kompetenz narrativer Erzählstrukturen und die daraus resultierende Nutzbarkeit für den historischen Diskurs aus der grundsätzlichen Beschaffenheit menschlicher Erfahrungen ab, deren Übermittlung an Versprachlichungen geknüpft ist. Gerade in einer Epoche, die im Zeichen des Übergangs von einer nur rezipierten Geschichte hin zu einer "history-as-lived" steht, erhält die jeweilige Versprachlichung bzw. Vertextlichung[61] kaum zu überschätzendes Gewicht:

"...it remains true that narrative [form] is a primary cognitive instrument - an instrument rivaled, in fact, only by theory an by metaphor as irreducible ways of making the flux of ecperience comprehensible."[62]

Wird "narrative form" verstanden als Grundstruktur und Organisationsprinzip jedes menschlichen Erzählens[63], das ein annähernd authentisches Nacherleben von Erfahrung erlaubt, muß die Setzung der Geschichtsschreibung als eine der ältesten menschlichen, reflektierenden Tätigkeiten mit "prinzipiell narrativ(er)" Anlage gelten.

White trifft mit der Frage nach "der Bedeutung von Narrativität in der Darstellung von Wirklichkeit"[64] den für Geschichtsschreibung und historischen Roman wichtigen Kern der Narrativität, welcher sich beide gleichermaßen bedienen.

War bei der Transmission historischer Wirklichkeit mittels Historiographie in Form von Annalen nur die Einhaltung eines chronologisch vorgegebenen Ordnungsprinzips bezüglich des Dargestellten konstituierend, dessen stetes zeitliches Gleichmaß die Ausgestaltung von Höhepunkten oder besonderen Ereignisse nicht erlaubt, so deutet die

---

[60] QUANDT, S./SÜSSMUTH, H. (Hg.): Historisches Erzählen. Formen und Funktionen. Göttingen, 1982. S. 55.

[61] Vergl. die Herausgeber FAY, B./GOLOB, E.O./VANN, R.T. (Hg.): Louis O. Mink. Historical Understanding. New York, 1987. S. 21.

[62] MINK, L.O.: Narrative form as a cognitive instrument. In: FAY, B./GOLOB, E.O./VANN, R.T. (Hg.): ebd., S. 185.

[63] Vergl. hierzu HUG, W.: Erzählende Quellen. Grundmuster narrativer Geschichtsschreibung in Antike und Mittelalter. In: QUANDT, S./SÜSSMUTH, H. (Hg.): ebd., S.77-103.

[64] WHITE, H.: ebd., S. 11-39.

strukturelle Organisation der Chroniken schon auf die umfassend erzähltechnisch ausgearbeitete Historienform mit grundsätzlich narrativem Charakter hin.

Der Gewinn, den die Verwendung der "narrative form" für den historiographischen Diskurs bringt, liegt in der bewußten Verwendung menschlicher Kommunikationsprinzipien: der Historiker greift die "past actuality" als "untold story"[65] auf und bearbeitet diese nach narrativen Kriterien, die jedoch *nicht* denen eines fiktionalen Erzählers entsprechen:

"The historian [...] finds the story already hidden in what his data are evidence for; he is creative in the invention of research techniques to expose it, not in the art of narrative construction."[66]

Der Historiograph vermittelt eine "story", deren möglichst authentische Vermittlung oberstes Gebot ist, dem literarischen Autor hingegen bleibt ihre Konstruktion nach Konventionen ästhetischer und emotionaler Ausgestaltung vorrangige Aufgabe.

Das Dilemma historiographischer Diskurse in narrativer Form stellt sich unweigerlich, bleiben sie doch stets *Produkt individueller Imagination*. Die Aufrechterhaltung der postulierten Unvereinbarkeit zwischen Historiographie und narrativ-fiktionalem Erzählen erscheint als Konstrukt.

Mink stellt sich in seinen Untersuchungen dieser Frage jedoch nicht, sondern zieht sich auf den Gemeinplatz zurück, daß das menschliche Verständnis notwendigerweise die *Unterscheidung* von erfundener Fiktion und wahrer 'Geschichte' für die Rezeption braucht, da es sonst in den Zustand der allgemeinen Mythen zurückfällt, in welchem beide ununterscheidbar zusammenfallen[67].

White hingegen führt den in der Anlage der narrativen Form historiographischer Diskurse erbrachten Beweis noch weiter: Er unterscheidet in Anlehnung an die von Frye formulierten vier - sowohl Geschichte als auch Kultur bestimmenden Mythen in vier sich daraus ableitende archaischen Erzählformen, welche Historiographen nachweislich als strukturelle Grundschemata ihrer Geschichtsschreibung verwenden. White erstellt eine Charakterisierung der vier Kategorien (tragisch, komisch, romantisch, ironisch) und

---

[65] MINK, L.O.: ebd., S. 189.
[66] MINK, L.O.: ebd., S. 188.
[67] MINK, L.O.: ebd., S. 203.

weist sie an vier bezeichnenden Beispielen des "Nineteenth-century historical writing"[68]
nach. Als erstes Beispiel wählt er die Geschichtsschreibung Jules Michelets, der sich des
literarischen Schemas der Romanze für seine umfassenden Geschichtsdarstellungen
bedient. Dieses Beispiel narrativer Historiographie soll im Vergleich zu einem aus der gleichen
Epoche stammenden historischen Roman betrachtet werden. (vergl. (6.), (7.)).
Obwohl Lützeler Whites Einteilung der historiographischen Diskurse nach literarischen
Grundstrukturen allenfalls den Kommentar "interesssant"[69] zuerkennt, scheint sie mir
für die Betrachtung der Geschichtsschreibung im Zeitalter der Romantik, die mit dem
historischen Roman am Beginn des "apogée" der narrativen Gattung steht, hilfreich zu
sein, da sie auf die geistesgeschichtliche und kulturelle Grundhaltung ihres Ursprungs
zurückweist.

4. Bedeutung der 'historischen Imagination'

Der Titel Whites historiographischer Analyse - verweist mit dem Begriff der "historical
imagination" - nicht nur auf die bereits erläuterte Bedeutung der individuell bzw.
kulturell verankerten Einbildungskraft, sondern gerade auch auf das Phänomen des
Imaginären an sich, das Foucault an der Wende zum 19. Jahrhundert verortet. Die
Ergebnisse des "dialogue nouveau des hommes avec l'histoire"[70] tragen die Spuren des
Imaginären, das durch die Vermittlung historischen Wissens über Dokumente in primär
verschrifteter Form über das Individuum des Autors in Geschichtsschreibung *und*
Roman gelangen:

"C'est que le XIXe siècle a découvert un espace d'imagination dont les âges pédédents
n'avaient sans doute pas soupçonné la puissance. [...] Le chimérique [...] se déploie
soigneusemnet dans la bibliothèque assourdie, avec ses colonnes de livres, ses titres
alignés et ses rayons qui la ferment de toutes parts, mais baîelllent de l'autre côté sur des
mondes impossibles. L'imaginaire se loge entre le livre et la lampe. [...] Pour rêver il ne
faut pas fermer les yeux, il faut lire. La vraie image est connaissance. [...]

---

[68] Vergl. WHITE, H.: Metahistory: the historical imagination in nineteenth-century Europe.
Baltimore/London, 1993. Zuerst 1973. Bes. S. 267-280.
[69] LÜTZELER, P.M.: Zeitgeschichte in Geschichten der Zeit. Bonn, 1986. S. 9.
[70] BARBÉRIS, P.: ebd., S. 248.

L'imaginaire ne se construit *pas contre le réel* pour le nier ou le compenser; il s'entend *entre* les signes, de livre à livre, dans *l'interstice* des redites et des commentaires; il naît et se forme dans l'entre-deux des textes. C'est un phénomène de bibliothèque."[71]

Eine Beschäftigung mit 'Geschichte' generell scheint solchermaßen nur mit zwei grundsätzlichen Einschränkungen möglich: so läßt sich erstens ein historiographischer Diskurs nur in Abhängigkeit zum jeweiligen Verfasser und dessen Konzeptionen lesen. Zweitens können historische Belege nur insofern als 'Garanten' erscheinen als sie zwar aus der Vergangenheit stammen, jedoch nur über den Weg der Rezeption ins aktuelle historische Bewußtsein gelangen können.

Eine eindeutige Trennung zwischen Historiograph und Romanautor nach dem Wahrheitsgrad des Berichteten wie sie ursprünglich gedacht wurde, ist demnach kaum mehr möglich. Das an die Geschichte herangetragene, ihr *vorausliegende Interesse* scheint zusammen mit der *Abhängigkeit* vom 'produzierenden' und 'rezipierenden' Subjekt für 'vertextlichte Geschichte' in jeder Form verantwortlich zu sein:

"Cette mode, cette vogue, menacent même les frontières de l'histoire, par une sorte de choc en retour. Où passe la limite entre l'histoire et le roman ou le drame, si le drame et le roman sont devenus histoire? [...] que le roman comble, mieux que l'histoire, le besoin, la curiosité de l'histoire."[72]

Die Beschäftigung und Auseinandersetzung mit Geschichte ist bezeichnend für die Suche nach einer neuen *Identitätstiftung*, deren Fehlen das literarische und historiographische Schaffen des 19. Jahrhunderts bestimmt.

5. Paralellität von romantischem Historiograph und Romanautor

Die Geschichtsschreibung des Historiographen Michelet, einer der produktivsten (Anzahl der Veröffentlichungen, Lehre) und in der Beurteilung Palmades "le plus fort de ces tempéraments d'historien"[73], soll hier stellvertretend für eine Richtung der neuerwachten Geschichtwissenschaft und der ihr noch eng verbundenen Geschichtsphilosophie als Vergleichsgrundlage zum Historischen Roman "Cinq-Mars"

---

[71] FOUCAULT, M.: Postface à Flaubert. La tentation de Saint Antoine. In: FOUCAULT, M.: Dits et écrits. Paris, 1994. Bd. 1. S. 297/298. Kursiv nicht im Original.
[72] EHRARD, J./PALMADE, G.P. (Hg.): ebd., S. 55.

von Vigny[74] dienen. Denn in seiner "Histoire de France"[75] findet sich nicht nur eine historiographische Darstellung der nämlichen Ereignisse von 1640/42, die auch dem adeligen Romanautor Vigny als stoffliche Basis und Grundstruktur seiner literarischen Ausgestaltung dienen, sondern Michelet gilt auch als der "presiding genius of the Romantic School of historiography"[76], womit er dem "poète de la révolution romantique"[77] im romantischen Grundverständnis entsprechend nahesteht.

Michelet, Sohn eines Druckers, sah sich selbst stets als Vertreter und Teil des "Volkes", dessen idealisiertes Bild sein geschichtliches Grundverständnis fundamental bestimmte. Ein "Vorkämpfer der Republik"[78] war der arbeitsame und eher an Archiven als an aktuellen, öffentlichen Diskursen interessierte Historiograph insofern als er verstand, aus der immensen Ansammlung historischer Materialien und Dokumente, die Geschichte einer Nation zu rekonstruieren, die seiner Konzeption nach allein seinen Grund und seine Werte in der freiheitlichen Anlage des französischen Volkes findet[79]. Die sogenannte "physiomomie des peuples"[80] in der Geschichte nachzuzeichnen, insbesondere die seines eigenen Volkes, ist die vorrangige Aufgabe des Historiographen Michelet. In die Geschichte dieses Volkes, dessen Kennzeichen seine "liberté" und seine "humanité" sind, ganz im Sinne seines Meisters[81], sich selbst, seine gesamte Persönlichkeit hinein zu versenken[82], sah er sich zum einen berufen, gewissermaßen "auserwählt"[83], und zum anderen erblickte er den Sinn seiner Existenz in der Geschichte seines Landes selbst. Ähnlich metaphorisch wie seine Geschichtsschreibung erläutert er seine "Beziehung" zur "chère France", deren Vergangenheit er so bildreich imaginiert:

---

[73] PALMADE, G.P.: ebd., S. 362.
[74] VIGNY, A. DE: Cinq-Mars. Paris, 1980. (folio)
[75] MICHELET, J.: Histoire de France, Paris, 1858.
[76] PALMADE, G.P.: ebd., S. 362.
[77] COUTY, D.: ebd., S. 131.
[78] KÖHLER, J.: ebd., S. 9.
[79] Vergl z.B. KÖHLER, J.: S. 9.
[80] MICHELET, J.: Oeuvres complètes. Paris, 1973. Bd. 3, S.21.
[81] "Je n'eus de maître que Vico." MICHELET, J.: Oeuvres complètes. Préface de 1869. Paris, 1974. Bd. 4, S. 14.
[82] "Je plongeais dans le peuple." MICHELET, J.: ebd., S. 24.
[83] Vergl. LE GOFF, J.: Michelet et le moyen âge. In: MICHELET, J.: Ouevres complètes. Paris, 1974. Bd. 4, S. 45-63.

"On s'oublie tout à fait. [...] je me perdis de vue, je m'absentai de moi. J'ai passé à côté du monde, et j'ai pris l'histoire pour la vie. [...] ma grande France, s'il a fallu pour retrouver ta vie qu'un homme se donnât, passât et repassât tant de fois le fleuve das morts, il s'en console, te remercie encore. Et son plus grand chagrin, c'est qu'il faut te quitter..."[84]

6. Geschichtskonzeption des Historiographen Michelet

In der Introduction à l'histoire universelle (1831) stellt er fest, daß des Wesen der Welt, das Schicksal der Menschheit in der Geschichte selbst zu sehen ist, da sie in ihrem Fortschreiten in Höhepunkten und Tiefschlägen (Michelet vergleicht sie mit einem "vaisseau"!) letztlich den "triomphe progressif de la liberté"[85] inkarniert:

"Avec le monde a commencé une guerre qui doit finir avec le monde, et pas avant; celle de l'homme contre la nature, de l'esprit contre la matière, de la liberté contre la fatalité. L'histoire n'est pas autre chose que le récit de cette interminable lutte."[86]

Allein die Perpektive einer "interminable lutte", die Michelet nicht wie andere Geschichtsgelehrte und Geschichtsphilosophen seiner Zeit (Herder als 'graduelle Umwandelung', Chateuabriand als 'Sieg' des Chiristentums) eine stete Entwicklung hin zum schließlich Guten, ja Perfekten glauben ließ, mußte sich auf seine Art, die Geschichte Frankreichs darzustellen auswirken. Den bisherigen Höhepunkt dieses Kampfes erkennt Michelet - nicht ohne Stolz auf sein Volk - in der Revolution von 1789, auch wenn er im Laufe seines Lebens und damit also auch im Laufe seiner Geschichtsschreibung den von ihm als natürlich und notwendig erklärten Rückfall in die Vorherrschaft von Institutionen und Herrschaftsregelungen resigniert anerkennt, jedoch den Glanz der Vergangenheit auf eine ähnlich in Aussicht stehende Zukunft hin transzendiert, die er als Vision für das französische Volk schon 1831 formulierte:

"La France veut la liberté dans l'égalité; [...] La liberté de la France est juste et sainte. [...] L'égalité dans la liberté, cet idéal dont nous devons nous approcher de plus en plus

---

[84] MICHELET, J.: ebd., S. 26/27.
[85] MICHELET, J.: Introduction à l'histoire universelle. Paris, 1831. S. 5.
[86] MICHELET, J.: ebd., S. 5.

sans jamais y toucher devait être atteinte par [...] un peuple fait pour l'action, mais non pour la conquête; par un peuple qui voulût l'égalité pour lui et pour le genre humain."[87]

Michelets Konzeption der fortschreitenden Geschichte hat ihren Endzweck also nicht in einer fernen Zukunft, auf die die Menschheit einem "paradiesischen" Zustand gleich zwangsläufig zuschreitet, sondern in einer ursprünglich gesetzten Humanität, die im Laufe der Geschichte immer wieder erkennbar hervortritt, wie zum Beispiel in der Revolution und in deren Bewahrung für die "mémoire humaine" auch der eigentliche Auftrag des Historiographen zu sehen ist.

"...ces romantiques rêvant des temps écoulés [...] et se précipitant avec élan vers l'avenir qu'ils voulaient digne de ce passé d'énergie et de création."[88]

Individuen oder gemeinhin als bedeutend geltende "historische" Persönlichkeiten haben in der Konzeption Michelets nur insofern Gewicht, als sie in Anschaulichkeit mehr oder weniger der *Physionomie* eines Volkes, der eigentlichen historischen Kraft, entsprechen oder im Widerspruch zu ihr stehen:

"Historisch kam für ihn [Michelet] das Individuum nur als soziables und vergesellschaftetes in Betracht, in dem Maße, wie es den allgemeinen Fortschritt beförderte oder hemmte."[89]

Die unter anderen der "Histoire de France" folgende geschichtliche Schrift Michelets, mit dem in sich schon "bildlichen", aus einer rein chronologisch ausgerichteten Darstellung herausgelösten Titel "Le Peuple" zeigt nunmehr deutlich, inwiefern sich die historische Relevanz der "héros" allein aus der *Bindung* an das Volk ergibt:

"...Michelet commence, d'ordinaire, par évoquer le soutien décisif que le h´ros reçoit du peuple. Le héros, en effet, n'agit pas sur le peuple à la faveur d'un miracle, mais, parce que, d'abord le peuple lui en donne le droit."[90]

[87] MICHELET, J.: Introduction à l'histoire universelle. Paris, 1831. S. 62/63.

[88] PEYRE, H.: Romantisme. In: Universalis. Paris, 1993. Bd. 16, S. 91.

[89] KÖHLER, J.: ebd., S. 16.

[90] VIALLANEIX, P.: La voie royale. Paris, 1971. S. 331.

Diese Konzeption einer Abhängigkeit der Individuen von der Kraft des "peuple" ist auch bestimmend für die Art der Darstellung der Hauptfiguren der Konspiration von Cinq-Mars und De Thou in Kapitel XIV/XV der Histoire de France.

6.1. Narrative Struktur in Michelets Historiographie

Mit Form und Struktur seiner geschichtlichen Darstellungen will Michelet bewußt der "mémoire du peuple" gerecht werden, in deren Auftrag er sich stellt.

So besteht er darauf, sich nur auf vorhandenes, also historisch überprüfbares Material zu stützen, dieses aber in einer Weise zu verarbeiten, die der bis zu ihm hin - als einem Repräsentanten des 19.Jahrhunderts - erreichten "sagesse humaine"[91] entspricht. Er verweist auf die bereits unternommenen Versuche einer Geschichtsschreibung Frankreichs, in deren Tradition er sich zwar stellt, welchen er jedoch gemäß seiner Vorstellung der historischen "évolution" überlegen ist:

...''l'histoire, telle que je la voyais [...] me paraissait encore faible en ses deux méthodes:
Trop peu matérielle, tenant compte des races, non du sol, du climat, des aliment, de
"...j'ai aperçus la France. Elle avait des annales et non point une histoire. [...] En résumé, atant de circonstancse physiques et physiologiques.
Trop peu spirituelle, parlant des lois des actes politiques, non des idées, des moeurs, non du grand mouvement progressif, intérieur de l'âme nationale.
Surtout peu curieuse de menu détail érudit,..."[92]

Michelets Geschichtsschreibung kann also weder beschränkt bleiben auf die reine Aneinanderreihung historischer Daten und Ereignisse[93] (Formen der Annalen/Chroniken), die der Menschheitsgeschichte in ihrem Inneren niemals gerecht werden können, noch darf sie benutzt werden von zum Beispiel politisch gefärbten aktuellen Interessen. Die Geisteshaltung der Romantiker beansprucht er nie für sich, ja er kritisiert sie "avec sévérité"[94]. Sein Ideal einer Dynamik der historiographischen *Wiederauferstehung* des Vergangenen nicht nur in seiner Oberfläche, sondern in seiner räumlich-körperhaften Struktur, setzt er der nur rein mimetischen, 'seelenlosen' und an

---

[91] VIALLANEIX, P.: Michelet - Cent ans après. Grenoble, 1975. S. 125.
[92] MICHELET, J.: Oeuvres complètes. Préface de 1869. Paris, 1974. Bd. 4, S. 13.
[93] Vergl. so z.B. Köhler: "...nicht darauf beschränkt sein kann, historische Tatsachen in eine chronologische Ordnung zu bringen." KÖHLER, J.: ebd., S.16.
[94] VIALLANEIX, P.: ebd., S. 57.

der wissenschaftlichen Doktrin vergangener Jahrhunderte orientierten

Geschichtsdarstellung entgegen. Er kommentiert in der Préface de 1869:

"Plus compliqué encore, plus effrayant encore était mon problème historique posé comme *résurrection de la vie intégrale*, non pas dans ses surfaces, mais dans ses organismes intérieurs et profonds."[95]

White faßt diesen Anspruch auf eine realistische Art der historischen Darstellung, in der

die "parole" denen zurückgegeben werden soll, die sich auf Grund der

Machtverhältnisse nicht äußern konnten und von Geschichtsschreibern deswegen nur

bedingt "gehört" werden können[96]:

"The "historical method" consisted of a willingness to go to the archives without any preconseption wahtsoever, to study the documents found there, and then to write a story about hte events attested by the documents in such a way as *to make the story itself the explanation to "what had happened"* in the past. The idea was to let the explanation emerge naturally from the documents themselves, and then to figure its meaning in story form."[97]

Die notwendige "story form", die den Forderungen Michelets den Dokumenten

einerseits gerecht wird und die "résurrection" vor den Augen der Rezipienten leistet,

eignet die narrative Verkettung[98] in der literarischen Form der "Romanze", wie White

am Beispiel der "Histoire de la Révolution française" in Abgrenzung zu historischen

Werken anderer Verfasser zeigt.

Die Erzählstruktur der Romanze ergibt sich aus der Vorstellung des geschichtlichen

Prozeses als einen ewigen Kampf zwischen "the forces of vice and those of virtue"[99].

Sie wird ergänzt durch eine fast unerschöpflichen Metaphorisierung von Menschen ("Oh

France!"), Institutionen und Werten[100], die eine Identifizierung ermöglichen, die immer

auf die vollendete Humanität in ihrer reinsten Form verweist.

---

[95] MICHELET, J.: ebd., S. 12. Kursiv nicht im Original.

[96] Vergl. hierzu auch die Ausführungen im Zusammenhang mit der "Résurrection de Michelet" in VIALLANEIX, P.: ebd., S. 19.

[97] WHITE, H.: Metahistory: the historical imagination in nineteenth-century Europe. Baltimore/London, 1993. Zuerst 1973. S. 141. Kursiv nicht im Original.

[98] COSTA LIMA, L.: Die Kontrolle des Imaginären: Vernunft und Imagination. Frankfurt/M., 1990. S. 248.

[99] WHITE, H.: ebd., S. 150.

[100] Vergl. WHITE, H.: ebd., S. 157.

Die Darstellung von Individuen innerhalb des historischen Fortschreitens erhält in der Geschichtsschreibung Michelets, der den Wert der wahren Freiheit[101] über jede organisatorische Lenkung durch Institutionen stellt, nur insofern Gewicht, als sie in ihrer Persönlichkeit etwas vom gesetzten *Ideal* entdecken lassen, das sich in seinen Augen nur ein einziges Mal in seiner wahren Größe - nämlich in der französischen Revolution an die Macht setzte:

"..., he [Michelet] could praise those individuals he identified as soldiers in the service of the idea, and ihe could dedicate his life to telling *their* story in a tone and mood that would promote the ideal in the future. But hte ideal itself could never be realized in time, in history, for it was an evanescent as the condition of anarchy whicht it presupposed for ist realization."[102]

Dieses Verständnis des historischen Individuums bestimmt auch die Darstellung der Verschwörung, die 1642 mit den Namen Cinq-Mars und De Thou in die Annalen Frankreichs eingeht, Element einer Epoche, noch unberührt vom überstrahlenden Licht der Revolution 1789.

6.2. Konspration von Cinq-Mars und De Thou

Für die Geschichtsschreibung stehen trotz Michelets Kritik am bisherigen historiographischen Diskurs und der verlangten 'Auferweckung' der Vergangenheit ähnlich einer 'Person', zwei grundsätzliche Prämissen nicht in Frage: weder problematisiert der Historiograph den Blick zurück auf Vergangenes[103] und die damit verbundene Gegenwartsgebundenheit (nach Michelet ist sie nur zu gut gerechtfertigt!), noch ergeben sich Veränderungen bezüglich der Erzählinstanz "eines übergeordneten, distanzierten und [...] am Geschehen nicht beteiligten Sprechers"[104].

---

[101] Vergl. MICHELET, J.: Introduction à l'histoire universelle. Paris, 1831. S. 62/62.

[102] WHITE, H.: ebd., S. 162.

[103] Vergl. hierzu die Definition Nünnings des "backward-looking". NÜNNING, A.: Theorie, Typologie und Poetik des historischen Romans. Von historischer Fiktion zu historiographischer Metafiktion. Trier, 1995. Bd. 1, S. 187.

6.2.1. Cinq-Mars

Die Hauptfigur der geschilderten Konspiration wird von Anfang an in Abhängigkeit der beiden "großen" historischen Persönlichkeiten (Richelieu/Louis XIII)[105] gezeigt, die ihrerseits zunächst in ihrer verhältnismäßigen Bedeutungslosigkeit des europäischen Gesamtgeschehens gezeichnet werden: Richelieu hat nur wenig Einfluß ("Richelieu eut bien peu de part", 228), die "circonstances extérieures" (228) bringen Veränderungen mit sich, die sich auch auf das Innere Frankreichs auswirken und in deren Licht sie erscheinen. Dabei tritt Richelieu als "metteur en scène" auf, der aufgrund seiner Machtpopsition bzw. der Institutionaliserung seiner Person die Vorgänge vermeintlich bestimmt:

"Richelieu met en scène deux acteurs nouvaux [...] Il donne au roi pour favori un joli page, un écolier à lui, le jeune Cinq-Mars." (230)

Schon in der Kapitelüberschrift steht der Favorit Cinq-Mars als Liebling des Königs nicht allein, sondern gleichermaßen "neben" Mazarin, den zu schildern Michelet vor allem in diesem Kapitel unternimmt. Die Beziehung, die der König zu Cinq-Mars hat, wird als eine "histoire plus ridicule encore" (234) innerhalb der höfischen Verhältnisse als Steigerung angeschlossen.

"Le petit Cinq-Mars" (233) ist - noch bevor er vom Historiograph als historischer Akteur beschrieben wird - ein "Konstrukt" ("il le fallait...", 236), gebunden an den Machtwillen und die Reflexionen Richelieus, orientiert am "goût du roi" (236) und bestimmt für dessen "nouvel amusement" (236). Dem "joujou" (233) des Königs wird aus der Perspektive des Schreibers zunächst kein eigener Charakter oder Handlungsspielraum zuerkannt. Ihm widerfahren Dinge, die aus seinem Stand, seiner familiären Situation ("avait laissé un enfant charmant", 236), seiner Physis ("ce beau corps", 237) oder aus seinem Geschlecht ("un jeune militaire", 236) resultieren, doch ist er selbst nur insofern 'aktiv', als er sich als "Instrument" anderen Interessen gelehrig fügt:

---

[104] NÜNNING, A.: ebd., S. 181.

[105] MICHELET, J.: Histoire de France. Paris, 1858. Bd. 12. Textverweise im fortlaufenden Tzext beziehen sich auf diese Ausgabe.

"...le Cardinal le lança, bien instruit, bien stylé pour observer le roi d'abord, et peu à peu pour lui plaire s'il pouvait." (236)

Die Physionomiekonzeption, die Michelet für die Beschreibung der Völker voraussetzt, läßt sich auch an Cinq-Mars erkennen, sie wird in der Verlaufstruktur auch vom König wahrgenommen, der im eben schönen Körper des 17-jährigen, gerade Opfer der höfischen Korruption ("qu'on corrompait", 237), eine "jeune âme" (236) vermutet, die von ihrer Anlage mehr erwarten läßt, als die "jeune société noble du temps" (237), die von Michelet in ihrer Ignoranz äußerst negativ bewertet wird.

Die Tatsache, daß sich der König tatsächlich zum bereitgestellten "favori" (237) hingezogen fühlt, erklärt sich jedoch nicht aus der perfekten und unfehlbaren Berechnung Richelieus, sondern aus einer "tentation naturelle" (237), die den König eben nicht beim bloßen Anblick des 'ausgestellten' schönen Höflings überkommt. In Michelets Darstellung liegt diese Hinwendung des Königs zumindest am Anfang auf der erzieherischen, 'weise' vorausblickenden Ebene, so will das angebliche Staatsoberhaupt den "étourdi" (237) von seinen oberflächlichen gesellschaftlichen Umgängen befreien und zu einem "honnête homme" erziehen (237), womit Cinq-Mars erneut Plänen unterworfen wird, die andere mit ihm haben bzw. für ihn entwerfen.

Allerdings ist es hernach gerade der "joli page" (230), der den König die Seiten seiner Person nach außen kehren läßt, die im Widerspruch zur Konzeption eines würdigen Vertreters des Volkes stehen. Kann Michelet die Tatsache, daß der König kochen lernt, noch als "curiosité" (238) deklarieren, so muß er nun bei den Launen Cinq-Mars' als Träger der "signes de l'imbécillité" erscheinen (239).

Nach der Verdeutlichung des erzieherischen Fehlschlags seitens des Königs ("Il était tard.", 237), erhält nun Cinq-Mars in der Darstellung selbst *Aktivität* und Dynamik, wobei jedoch das *Tempo* seiner Handlungen immer noch *von außen* bestimmt werden:

"Le cardinal [...] poussait son petit homme au grand galop. Il l'engageait à exiger, faire le difficile et se faire valoir." (238)

Der ursprüngliche "enfant charmant" (236) wird in seiner Zeit am Hof zum "petit polisson" der zum "grand écuyer" ernannt wird und den Namen "Monsier le Grand" (238) erhält. Bezeichnende Bewegung für den Favoriten wird seine Flucht vor der Nähe des Königs :

"Il échappait tant qu'il pouvait. [...] il se sauvait [...] il fuyait, s'évanouissait." (239)

Doch damit verliert er nicht sein wesentliches Kennzeichen, nämlich von außen bestimmt und benutzt zu werden, denn auch dort werden ihm die Ideen anderer in den Kopf gesetzt, sein Verhalten gelenkt ("On l'y travaillait fort.", 239).

Michelet, dem gerade in seinem Engagement für eine neue Geschichtsschreibung ein "excès de la subjectivité" vorgeworfen wird[106], greift dem Geschehen voraus und kündigt den traurigen Part in der Geschichte an, den Cinq-Mars einnimmt ("à l'histoire (la plus triste)", 239).

Die Schilderung der Jahre 1639-41 endet - parallel zum Anfang mit einer Bewertung der gesamteuropäischen Situation, die sich an den bereits vorgezeichneten Charakteristika der einzelnen Völker orientiert[107]. Cinq-Mars - eigentliche Hauptfigur der 1642 folgenden Verschwörung - zeichnet sich durch eine nunmehr erstaunende Aktivität aus, die sich aus der "influence occulte" (240) der frequentierten Kreise erklärt. Denn er fordert nun Kompetenzen in der Politik Richelieus ein, die ihm aus der Sicht Michelets nicht zustehen. Zwar benutzt er kein ähnlich arrogant wirkendes, wörtliches Zitat, wie bei Cinq-Mars Forderung nach einem besonderern Platz in der Reihe der königlichen Günstlinge ("C'était bon pour eux", 238); indirekt verweist er denoch auf die von außen gelenkte, übertriebene Selbstüberschätzung des Favoriten:

"Il ne se tint pas satisfait d'un grand titre ni de la faveur. Il prétendit avoir part aux affaires."(240)

Der Gebrauch der Zeitform des Passé simple an diesem Punkt der Charakterdarstellung Cinq-Mars' zur Beschreibung seiner Handlungen bewirkt zweierlei: einerseits handelt es sich um eine "mise en relief" der - aus der historisch rückblickenden Perspektive Michelets - eindeutig deplazierten Ergreifung der Initiative des zukünftigen Verschwörers, der nach einem Verweis von Richelieu in seinen eigentlichen Zustand der relativen 'Passivität' zurückfällt und von seinen Taten nunmehr träumt:

---

[106] Vergl. EHRARD, J./PALMADE, G.P. (Hg.): ebd., S. 64.
[107] Vergl. z.B.:"...les Espagnols [...] regnaient par l'intrigue." MICHELET, J.: ebd., S. 240.

"Cinq-Mars, chassé par lui [Richelieu] du conseil, [...] pleurait et sanglotait, ne songeait que à le faire tuer." (245)

Zum zweiten wird bezüglich der Erzählstruktur eine Beschleunigung der beschriebenen Ereignisse erreicht, die für die Historiographie in narrativer Organisation ebenso gelten müssen:

"Les formes au passé simple représentant des intervalles temporels réduits à une sorte de "point", insécabel, leur juxtaposition s'interprète comme une successiond'événements qui s'appuient sans chevauchement les uns sur les autres."[108]

6.2.2. De Thou

Das historisch belegte Komplott, als dessen Zentrum der von Michelet so 'passiv' dargestellte Favorit Cinq-Mars angesehen wird, zeichnet sich aus einem ganz eigenen Blickwinkel. Denn Michelet problematisiert die Konspiration von 1642, deren Vorzeichen er gerade bezüglich der Person Cinq-Mars denkbar düster ausmalt[109], aus der Perspektive eines weiteren Verschwörers - Auguste de Thou - der als "bibliothécaire du roi" und Sohn des "illustre historien" (246) in besonderer Nähe zum Historiographen der *Histoire de France* zwei Jahrhunderte später steht. Dabei vermißt er an dem jungen "magistrat" jene "sagesse", über die er als Gelehrter nach der Konzeption Michelets verfügen müßte ("C'était un savant, comme son père", 246), wenn er ihn in Gesellschaft von Cinq-Mars und dessen fragwürdigen Kreisen zeichnen muß ("l'on s'étonne de le rencontrer avec ces gens-là", 246). Um die Beteiligung De Thous plausibel zu machen ("ce n'est pas un tel homme qui pouvait penser à un assassinat", 247) sucht Michelet nach einer Erklärung, die nicht an die oberflächlichen, äußerlichen Konstituenten der Figur gebunden ist, wie er es für Cinq-Mars im höfischen Kontext vorführt:

"De Thou n'était nullement interessé, point ambitieux. Mais c'était un homme déclassé, hors de tout, hors de la robe sans être de l'épée, n'ayant le pied ferme nulle part. Il était fils de l'impartialité historique et de l'indécision." (247)

De Thou erscheint herausgelöst aus den gewöhnlichen höfischen Intrigen und Machtkämpfen, jedoch ohne Halt ("dans un meilleur temps [il] eut été peut-être un

---

[108] MAINGUENEAU; D.: Eléments de Linguistique pour le texte littéraire. Paris, 1993. S. 45.

29

grand homme", 250), von der Hoffnung und der "illusion" (248) auf einen Frieden der Völker beseelt[110]. Im Gegensatz zu Cinq-Mars ist er aber "l'agitation même" (247), verantwortlich für den 'passage à l'action', für den zudem noch das persönliche Empfinden De Thous verantwortlich gezeichnet wird:

"De nature tendre et généreux, il ne recula point devant l'occasion romanesque de se hasarder pour "une grande reine", [...] à qui on voulait ôter ses enfants." (246)

Während Cinq-Mars aus "impertinence" (251) indirekt eine "explosion" (251) der Situation hervorruft, wird De Thou blind zum "acteur très-actif" der "affaire criminelle" (250), wofür Michelet eine weitere Erklärung - in Gestalt einer von ihm begehrten Frau zu geben bereit ist:

"Ce fut, je crois, le vain espoir [...] de cette cruelle [femme] qui aveugla de Thou, lui cachait l'énormité de sa faute..." (250)

6.2.3. Le peuple

Den grundsätzlichen Gegensatz der Konspiranten behält Michelet bis zur Aufdeckung und Enthauptung der beiden bei. De Thou stellt sich ("montra du courage", 255), während Cinq-Mars versucht, die Mittäterschaft abzuleugnen ("essaya de nier", 253). Michelet gelingt es durch die Einführung des "bon peuple de France" (256) - eigentlicher "héros" seiner Geschichtsschreibung[111] - den Versuch, die Regierung zu stürzen trotz aller Einschränkungen und Vorbehalte zur Sache des Volkes zu machen, das sich bei der Enthauptung notwendigerweise auf die Seite der Freiheit und Gerechtigkeit und damit der Verschwörer (insbesondere De Thous) stellt, da es in ihnen Vorkämpfer einer Auflehnung gegen 'herrschende' Strukturen erkennt, ohne jedoch selbst schon die Kraft zur umfassenden Revolution zu besitzen:

"Quand la tête de Cinq-Mars tomba, il s'éleva de toute la place un horrible cri de douleur. De Thou, [...] jeta la foule dans un accès de fureur frénétique. [...] Ce bon

---

[109] Vergl. zum 'malerischen' Stil Michelets und eventuellen Parallelen zur romantischen Malerei bezüglich der Motivik KÖHLER, J.: ebd., S. 18-21.

[110] Vergl. Michelets Kommentar zur Taktik der "Espagnols": "On croyait à tort [...] que l'Espagne voulait la paix." MICHELET, J.: ebd., S. 247.

[111] Vergl. zur Bedeutung des "héros collectif" z.B.: MOLINO, J.: Qu'est-que le roman historique? In: Roman historique. Sonderausgabe der Rhl 75, 2-3 (März-Juni) 1975. S. 226.

peuple de France maudit cette justice qu'il appelait vengeance, et pleura amèrement les coupables qui l'avaient trahi." (256)

7. Geschichtskonzeption des 'Poeten' Vigny

Für die Beschäftigung mit historischen Fakten sowie der nationalen Vergangenheit zu Beginn des 19. Jahrhunderts trifft Minks These der "introspection as retrospection"[112] insbesondere auf den Poeten Vigny zu, der mit seinem historischen Romanwerk am Beginn der Gattung in Frankreich steht. Sein Verständnis der Historie enthält nicht jenen - in sich anarchistischen - Glauben an unverrückbare Werte, die das Volk im Gegensatz zu herrschenden, institutionalisierten Machgefügen in sich trägt, wie Michelet in seiner Historiendarstellung zu zeigen sucht.

Als Aristokrat befindet Vigny sich auf der Seite der "vaincus"[113], dessen "attitude passéiste"[114] gezeichnet ist von einer rückblickenden *Sehnsucht* nach einer besser imaginierten, *ästhetisch überformten* Vergangenheit, zu welcher zumindest im Geiste Zuflucht genommen werden kann, von einer "jeunesse soucieuse", erkrankt an der "maladie du siècle", der "maladie morale abominable"[115]. Das menschliche Individuum zwar begabt das 'Perfekte' und 'Ideale' zu denken und zu empfinden, wird gerade vom romantischen Kunstwerk gefordert[116], jedoch ist es im Zeichen seiner steten Unperfektibilität dazu verdammt, "le triste drame de la vie" wiederaufzunehmen ("reprendre", 29) und erneut zu beginnen ("recommencer", 29):

"Dieu a jeté - [...] - la terre au milieu de l'air et de même l'homme aumilieu de la destinée. La destinée l'enveloppe et l'emporte vers le but toujours voilé." [117]

Die Wahl der narrativen Darstellungsform des historischen Romans unter Verwendung der "personnages historiques"[118] erscheint für Vigny konsequent, da sie ihm einerseits den "homme du passé"[119] zur Verfügung stellt, der als "entier"[120] und in sich geschlossen aus der rückblickenden Perspektive erscheint. Andererseits bleibt er aber in

---

[112] MINK, L.O.: ebd., S. 3.
[113] BARBÉRIS, P.: ebd., S. 254.
[114] BARBÉRIS, P.: ebd., S. 254.
[115] MUSSET, A. DE: Les confessions d'un enfant du siècle. Paris, 1973 (folio). S. 19/35.
[116] Vergl. PEYRE, H.: ebd., S.90. Universalis, S. 90.
[117] VIALLANEIX; P.: Vigny par lui-même. Paris, 1964. S. 64.
[118] OLDENBURG, Z.: Le roman et l'histoire. In: NRF 238 (Oktober 1972). S. 151.
[119] OLDENBURG, Z.: ebd., S. 150.
[120] OLDENBURG, Z.: ebd., S. 150.

der erzählten "story" formbar[121] und gebunden, sowohl an die sprachliche

Darstellungsgewalt als auch an die historische unsd ästhetische Gesamtkonzeption des

Autors[122]. Schließlich bietet der "character" in seiner "certaine presence humaine"[123],

wenngleich fiktionalisiert, die Möglichkeit, das Dargestellte als "aventure intérieure"[124]

nachzuerleben. Die sogenannten "dark areas"[125] historischer Figuren bestimmt die

Geschichtskonzeption und Werkintention des Romanautors, der zu diesem Zweck die

'Textwelt' optimal organisiert:

"Das jeweilige Geschichtsbild, welches im historischen Roman erscheint, verweist [...]
immer auf etwas [...] Tiefgründigeres: Es läßt das unbewußte Weltbild oder die bewußte
Welt- und Lebensanschauung, die das tragende Gerüst dieser evozierten Wirklichkeit
ist, klar werden. Darin gründet die eigentliche Subjektivität der dichterischen
Darstellung: in der ideologischen Grundintention des historischen Romans."[126]

Der historische Roman in seiner hybriden Gestalt bietet sowohl einer autorintendierten

Sinnstiftung innerhalb einer narrativ vermittelten "story", als auch einem

Erklärungsmodell für das Phänomen "Geschichte" Raum, dem sich das Individuum,

besonders als 'romantisches' in seiner menschlich endlichen Anlage stets unvollkommen

gegenübersieht. Die Darstellung der Figuren kann sich somit nicht auf auf ihre bloße

Deskription oder allenfalls erklärende (z.B. metaphosiche) Bewertung beschränken, wie

in der Historiographie gefordert; sie steht in Zeitgeist und ideologischer Befrachtung im

Zeichen des schaffenden Poeten, der den Sinn von Historie jenseits chronologischer

Dokumentation sucht[127].

---

[121] Zum Konstruktcharakter des "characters" vergl v.a. RIMMON-KENAN, S.: Narrative fiction: contemporary poetics. London/New York, 1988. Zurerst 1983. S. 36.

[122] Die allgemeine Problematik von "vérité" soll bezüglich der Figuren nach der Setzung des Konstruktcharakters hier nicht im Vordergrund stehen.

[123] OLDENBURG, Z.: ebd., S. 149.

[124] OLDENBURG, Z.: ebd., S. 149.

[125] NÜNNING, A.: ebd., S. 265.

[126] HANIMANN, W.A.: Studien zum historischen Roman. Bern/Frankfurt/M., 1981. S. 23.

7.1. Dramennahe Figurendarstellung

Die Nähe zum historisch-romantischen Drama erklärt sich nicht nur aus einer gattungsgeschichtlichen Perspektive, wie sie Hugo entwirft[128], sondern aus dem dargelegten "Verortungsproblem" des *romantischen Individuums* in sich verändernden gesellschaftlichen Strukturen. So findet sich bei Vigny nicht der für den Roman geforderte und späterhin etablierende "mittlere Held". Mit Cinq-Mars und De Thou bedient sich der Autor historisch belegter Individuen, wenngleich deren geschichtliche Bedeutsamkeit im Verhältnis zu anderen Figuren (z.B. Richelieu) nicht als herausragend gelten kann und die Bezeichnung des 'second ordre' rechtfertigt. Doch ist insbondere Cinq-Mars im Sinne einer romantischen Gesellschaftswahrnehmung durch seine *Marginalität* innerhalb der sozialen Strukturen gekennzeichnet, die sich an den Idealen des Autors mißt[129]. Vigny nutzt die Darstellungsmittel des narrativen Genres. Seine Orientierung am Drama - die Figuren betreffend - bleibt dabei deutlich zu erkennen. So folgt der Autor, der seine eigene - wenn auch "wenig kohärente"[130] Konzeption von Möglichkeit und Zweck künstlerischer Darstellung gewissermaßen als 'Vorwort' dem Roman vorausschickt[131], bei der Ausgestaltung der Figuren Forderungen, die Hugo für das romantisch-historische Drama formuliert. Der exemplarische "héros fatal"[132], auf dessen tragisches Ende hin das Erzählte ausgerichtet ist, erscheint als ein an Orte und weitere äußere Merkmale gebundener, deren wechselseitiger Bezug - gerade in historischen Sachverhalten - stets mitgegeben ist:

"Les personnages parlant ou agissant ne sont pas les seuls qui gravent dans l'esprit du spectateur la fidèle empreinte des faits. *Le lieu* où telle catastrophe s'est passé en devient un témoin terrble et inséparable; et l'absence de *cette sorte de personnage muet* décompléterait dans le drame les plus grandes scènes de l'histoire."[133]

---

127 Vergl hierzu MOLINO, J.: ebd., S. 229.

128 HUGO, V.: Préface de Cromwell. In: HUGO, V.: Cromwell. Paris, 1968. (Flammarion) S. 75.

129 Vergl. MOLINO, J.: ebd., S. 227.

130 Vergl. RAIMOND, M.: Le roman depuis la Révolution. Paris, 1981. S. 21.

131 VIGNY, A. DE: Réflexions sur la vérité dans l'art. In: VIGNY, A. DE: Cinq-Mars. Paris, 1980. (folio) S. 21-29.

132 KÖHLER, E.: Das 19. Jahrhundert. Stuttgart, 1987. Bd. 1, S. 73.

133 HUGO, V.: Préface de Cromwell. S. 82. Kursiv nicht im Original.

Diese Darstellung der Ort- und Raumverhältnisse im Roman überschreitet im narrativen Diskurs aber die real implizierte Gebundenheit. Sie verlagert sich mit der Intention des Autors, eine nachvollziehbare *Bewußtseinsdarstellung* zu schaffen, hin zur Verwendung von räumlichen Spezifika als implizites und indirektes Mittel im narrativen Komplex. Neben der Nutzung räumlicher Elemente als atmosphärische und symbolische Ausdrucksträger - schon bei der Selektion und Konfiguration des Erzählten[134] tritt die "Rede" als notwendiges Mittel der Figurengestaltung und Charakterisierung in der literarisch-sprachlich geprägten Romantik hervor. Durch die *Figurenrede*, ihre unterschiedliche, an den jeweiligen "character" gebundene Ausgestaltung, sowie ihre Neben- bzw. Gegeneinanderstellung auf der Ebene der "Narration" wird jene Illusion einer individual-perspektivischen Wahrnehmung erreicht, die sich zwar mimetisch gibt, letzlich aber eine, hinsichtlich des Charaktertypischen vom Autor stilisierte ist:

"Durch das Medium der Person erfährt die erzählte Welt eine spezifische Brechung, und eben diese Brechung der Außenwelt dient dem Erzähler gleichzeitig zur Anreicherung eines typischen oder individuellen Charakterbildes."[135]

7.2. Konspration von Cinq-Mars

7.2.1. Der Protagonist Cinq-Mars

Das Motto - programmatisch aus der Feder Byrons[136] - das das erste Auftreten von Cinq-Mars überschreibt , antizipiert zweierlei: einerseits den bevorstehenden Abschied auf der Handlungsebene, andererseits den sich ankündigenden 'manque', der als bestimmendes Element Cinq-Mars symbolisch kennzeichnet.

Noch bevor die Personnage des Protagonisten auftritt, führt der allwissende Erzähler den noch leeren Platz "à gauche du fils ainé" vor (38), der erst nachdem die versammelte Gesellschaft - in die "conversation" (41) vertieft - vom fehlenden "marquis de CINQ-MARS" (41) eingenommen wird, dessen inszeniertes Erscheinen die gesamte Aufmerksamkeit auf sich zieht ("la porte s'ouvrit, l'on vit..., 41).

---

134 Vergl. NÜNNING, A.: ebd., S. 195.
135 LÄMMERT, E.: Bauformen des Erzählens. Stuttgart, 1967. Zuerst 1955. S. 205.
136 Textangaben im fortlaufenden Text folgen der Ausgabe: VIGNY, A. DE: Cinq-Mars. Paris, 1980. (folio)

Weit von der Darstellung als des 'willigen' Instruments bei Michelet entfernt, erscheint Cinq-Mars hier in seiner *Eigen*willigkeit, im Bewußtsein von Status und Rolle.sich seines Status durchaus bewußt. Sein Kommen ist von weitem zu vernehmen, durch den "bruit" (41), den seine Stiefel verursachen. Auch ist sein Betragen weder linkisch noch mitleiderregend[137] und sein Verhalten entspricht seiner Mutter gegenüber dem "cérémonieux respect" (42), der dem rückblickenden Erzähler angemessen erscheint ("du temps", 42). Jedoch beteiligt sich Cinq-Mars nicht am fortlaufenden Diskurs, wodurch er sich wieder in "marginalisierter" Position innerhalb der anwesenden Gesellschaft befindet. Von der Marquise zwar als "Henri" (44) angesprochen, tituliert ihn der Erzähler im Folfenden aber als "Cinq-Mars" (44). Der "regret de son beau pays et de sa famille" (45) wird als dauerhafter Mangel bereits symbolisch in der *Namensgebung* inszeniert:

"CINQ-MARS (nom tiré d'une terre de famille)..." (41)

Die äußerliche Erscheinung des "jeune homme d'une assez belle taille" (41), seine Züge deuten bereits auf ein *romantisch gelagertes* Innenleben des héros im Sinne einer metonymischen wechselseitigen Beziehung. Sein "air triste", der in Zusammenhang mit den bezeichnenden "yeux noirs" (41) erscheint, findet seine Fortsetzung im traurigen Blick ("regardait avec tristesse", 44), der sich über die 'Grenze' des Fensters ("la croisée", 44) hinwegsetzt. Damit wird nicht nur der begrenzte gesellschaftliche Raum der "salle à manger" (44) aus der Perspektive des héros verlassen, gleichzeitig öffnet sich die 'Innenwelt' der Figur, die mit der verklärten Landschaft ("le magnifique paysage", 44) verschmilzt. Die stilisierte Natur, in der dargestellten Wahrnehmung als in sich ruhende Schönheit erfaßt, weist jedoch die Spuren menschlichen Agierens auf. Ihre so bedingte *Bedrohung* kann aus der imaginierten Einheit des héros mit der personifizierten Natur infolge dessen auch als seine eigene Bedrohung gelten:

"...on voyait s'élever les grandes voiles latines des bateaux marchands comme une flotte en embuscade." (44)

Die romantische Opposition zwischen Individuum und Gesellschaft, die als "labyrinthe" (45) bezeichnet wird, bestimmt das folgende - als Dialog mit der apostrophierten Natur

---

[137] Vergl. im Ggs.: "...lui [roi] donna pitié de la jeune âme..." MICHELET, J.: Histoire de France. Paris,

inszenierte - Selbstgespräch, angezeigt durch die inquit-Formel "se disait-il" (44) in "Oh nature, nature! [...] belle nature, adieu!" (44). Ihr gleichgesetzt erscheint der "coeur simple" (44), der in seiner Unversehrtheit bereits als vergangen angesehen wird, parallel zur unverfälschten Natur, die zurückgelassen werden muß. Er wird in seinem Leiden an einer "passion profonde" (45) von menschlichen Machenschaften überschattet ("des intérêts des hommes", 45). Die Notwendigkeit, diesen Weg zu betreten ("entrer dans ce labyrinthe", 45) wird vorgeblich zwar motiviert aus der Liebe zu Marie de Gonzague - als eine außerhalb des Individuums liegende schicksalgegebene Obligation - doch wird sie eigentlich als ein Zeichen der begrenzten menschlichen Existenz empfunden, die einer 'Auslieferung' an das Leben gleichkommt. In dem Bemühen, seine zuvor monierte Distraktion ("vous êtes bien distrait", 44) nicht Anlaß zu Spekulationen über sein zu "kindlich" empfindendes Inneres werden zu lassen, erklärt sich Cinq-Mars - ganz im Sinne der an ihn herangetragenen Erwartung - mit der Berufung auf vorgegebenes Reisefieber ("à la route que je vais prendre", 45) - ohne jedoch den Gedanken an die Rückkehr in die Heimat verbergen zu können ("ramenera chez vous", 45).

Für die für Cinq-Mars zukünftige Welt bei Hofe - durch die von Bedauern ("je regrette", 42) geprägten Redepassagen des "vieux maréchal Bassompierre" bereits in ihrem vergangenen Glanz evoziert ("la Cour autrefois", 42; "la magnifience de l'ancienne Cour", 49), steht die Person des Königs symbolisch im Zeichen einer erstarrten, künstlichen Etikette:

"...le roi est brave et bon; mais on l'a habitué malheureusement à cette froide étiquette [...] qui arrête tous les mouvements du coeur; il contient lui-même et les autres par cet abord immobile et cet aspect de glace." (45)

7.2.2. Parallelisierung der Figuren: Cinq-Mars - König

Die Figur des Königs erscheint gebrochen im Licht einer artifizierten Welt, der er sich - trotz seiner Macht - ausgesetzt sieht und deren Aufhebung nur "en vain" (45) erwartet wird.

Während eines Zwiegesprächs mit dem Freund und Mitkonspiranten De Thou reflektiert der héros unter den Vorzeichen einer Kampfesverletzung - vergleichbar mit einem

---

1858. Bd. 12, S. 237.

dramatischen Helden - sein inneres Befinden in der Welt des Hofes und seinen Wunsch
den Konventionen seiner Existenz zu entkommen:

"...je suis tenté de fuir, [...] je ne suis pas fait pour la Cour, je le sens, [...] j'ai quelque
chose de sauvage au fond du coeur, que l'éducation n'a poli qu'à la surface." (200)

Die Lage eines Kriegsgefangenen ("le prisonnier", 200) erkennt Conq-Mars als parallel
zu der seinen gelagert, hängt doch auch sie vom Willen und der Gunst des Königs ab. Er
begreift die Unmöglichkeit seiner Integration als "sauvage" (200), sieht sich jedoch
gefangen in dem "monde tout puissant" (200), dessen Allmacht die Figur des Kardinals
inkarniert, und seiner eigenen Sonderstellung, bedingt in der umfassenden Gunst des
Königs. Als unmittelbare Konsequenz dieser Umstände ahnt er ein verhängnisvolles
Schicksal voraus ("funeste", 200).

In äußerlich verletztem Zustand ("je crois que je suis blessé", 205) gelangt Cinq-Mars
schließlich in die unmittelbare Nähe des Königs, der sich in seinem Interesse ("ce jeune
homme m'interesse", 205) für den verletzten Cinq-Mars kurzzeitig gegen den
berechnenden Richelieu ("Richelieu saisit cette occasion", 205) stellt. Die körperliche
Gebrechlichkeit des Höflings findet ihre Umkehrung in der "faiblesse de [l'] esprit"
(313) bzw. in der "faiblesse [du] coeur" (313) des Königs Louis XIII., verdeutlicht durch
die - beide Figuren gleichermaßen treffende - Erkenntnis des "sort" (313), das ohne
innezuhalten unerbittlich vorwärts strebt. Die wechselseitige Beziehung der Akteure in
ihrer verhängnosvollen Verstrickung versinnbildlicht die Beschreibung der "escalier du
Lys" (313), die der Erzähler als "étonnante construction" (313) einführt, und schließlich
mit einem eigentlich nicht real existenzfähigen "songe réalisé" (315) gleichsetzt. Die
Beschreibung der Treppe - für den Fortgang der Handlung von entscheidendem Gewicht
- liest sich als *symbolhafte* Transposition der Verstrickung zweier menschlicher
Schicksale, die durchs Leben schreiten, ohne dies selbst zu erkennen.

7.2.3. Le peuple

Die TheseVignys im Paratext der "Réflexions sur la vérité dans l'art"[138], nach welcher die Geschichte einem Roman gleicht, dessen Autor der "peuple"[139] ist, muß angesichts der narrativen Ausgestaltung dieses Akteurs innerhalb des Romans verwundern:

"Vigny était peu à l'aise dans l'asrt de faire vivre les foules."[140]

Hatte das Volk in der historiographischen Darstellung Michelets kommentierende und den von ihm erkannten 'Sinn' der historischen Eriegnisse unterstreichende Funktion, so erschient es in der Darstellung Vignys als in seiner Passivität leicht beeinflußbar und damit als nur wenig bedeutsamer, gewichtsloser Akteur im Gefüge der Mächte. Zwar ist bei der Hinrichtung der Verschörer die "foule" (466) anwesend, sie erscheint dabei jedoch in einem "silence profond" (466), welcher ihr nicht eigen ist, sondern auf einer bloßen Imitation beruht (466), ähnlich dem Kniefall bei der Verhandlung über das Schicksal Urbain Grandiers. Dort verharrt der "public sombre" (97), ohne jede weitere Regung.

Der héros kann schon bedingt in seiner dargelegten Anlage nicht als Teil des Volkes, sondern muß eben auch hier als 'marginal' erscheinen. Als sich Cinq-Mars während der Folter Urbain Grandiers inmitten der Massen befindet, bringt der Erzähler sein Urteil über die noch abergläubischen "gens du peuple" (98) ohne Vorbehalt zum Ausdruck. Er zitiert einige Phrasen in mimetisch direkter Rede, um schließlich sein Urteil über die "sottise" (98) des Volkes zu sprechen:

"...On ne sait qu'en penser, monsieur! - Vraiment, madame, voilà des choses extraordinaires qui se passent! - [...] Qui vivra verrra", etc. Discours idiot de la foule, qui ne servent qu'à montrer qu'elle est au premier qui la saisira fortement." (99)

Der "jeune avocat" (99), der noch an die Kraft des Volkes glaubt ("l'inertie du peuple est toute puissante", 100) sieht wie das Volk ohne Erfolg einzugreifen versucht. Der Versuch endet in einer düsteren "singulière confusion" (103), die alle Hoffnung auf

---

138 VIGNY, A. DE: ebd., S. 21-29.
139 Vergl. VIGNY, A. DE: ebd., S.25.
140 RAIMOND, M.: ebd., S. 21.

den "peuple" grundlos erscheinen lassen. Die Grundkonzeption des Autors 'spricht' aus der perspektivierten Darstellung.

8. Schlußwort

Am Beispiel Michelets und Vignys konnte die unterschiedliche Verarbeitung gleichen national-historischen Stoffes in Historiographie und Literatur des 19. Jahrhunderts gezeigt werden. Ihre Schreibung ergibt sich gleichermaßen aus einem sich neu definierenden - durchaus national geprägten - Individualbewußtsein innerhalb veränderter Wissensstrukturen. Die Ausgestaltung der an die jeweiligen historischen Konzeptionen gebundenen 'Figuren' in Historiographie und Roman versinnbildlicht die notwendig gewordene Sinn- bzw. Identitätsstiftung des 'deshistorisierten' Individuums. die als in der Nationalgeschichte implizit gegeben gesetzt wird. Die historisch verbürgten, narrativ über die sprachlichen Konzepte der geschichtsschreibenden bzw. literarischen Autoren vermittelten Figuren spiegeln das Individuum im Kontext seiner Geschichtlichkeit: während Vigny das einzelne, romantisch erlebende Individuum die Darstellung bestimmt, arbeitet Michelet konsequent am 'Mythos' des kollektiv gedachten 'Individuums', des französischen Volkes. Weder Historiographie noch historischer Roman des 19. Jahrhunderts entgehen dem grundsätzlichen Einfluß der Epoche, in welcher sie entstehen.

9. Literaturverzeichnis

Primärwerke

CHATEAUBRIAND, R.-F.: Le génie du christianisme. Paris, 1966. (Flammarion)

HUGO, V.: Cromwell. Paris, 1968. (Flammarion)

MICHELET, J.: Histoire de France. Paris, 1858. Bd. 12.
ders.: Introduction à l'histoire universelle. Paris, 1831.
ders.: Oeuvres complètes. Paris, 1971- 1975.

MUSSET, A. DE: La confession d'un enfant du siècle. Paris, 1973. (folio)

VIGNY, A. DE: Cinq-Mars. Paris, 1980. (folio)

Sekundärliteratur

AUERBACH, E.: Introduction aux études de la philologie romane.Frankfurt/M., 1949.
ders.: Mimesis. Tübingen/Basel, 1994. Zuerst 1946.

AUST, H.: Der historische Roman. Stuttgart, 1994.

BARBÉRIS, P.: De l'histoire innocente à l'histoire impure. In: NRF 238 (Oktober 1972). S. 248-264.

COSTA LIMA, L.: Die Kontrolle des Imaginären: Vernunft und Imagination. Frankfurt/M., 1990.

COUTY, D.: Histoire de la littérarutre française. XIXe siècle. Paris, 1988.

DASPRE, A.: Le roman historique et l'histoire. In: Roman historique. Sonderausgabe der Rhl 75, 2-3 (März-Juni) 1975. S. 235-244.

DUCHET, C.: L'illusion historique: l'einseignement des préfaces (1815-1832). In: Roman historique. Sonderausgabe der Rhl 75, 2-3 (März-Juni) 1975. S. 245-267.

EHRARD, J./PALMADE, G. (Hg.): L'histoire. Paris, 1965.

FOUCAULT, M.: Les mots et les choses. Paris, 1966.
ders.: Postface à Flaubert. La tentation de Saint Antoine. In: Dits et écrits. Paris, 1994. Bd. 1. S. 293-325.

GOLDZINK, J.: Histoire de la littérature française. XVIIIe siècle. Paris, 1988.

GUDE, J.: Geschichtsschreibung und Romantik. Diss.. Hannover, 1996.

GUITTON, E.: Voltaire. In: Universalis. Paris, 1993. Bd. 19, S. 1037-1040.

HANIMANN, W.A.: Studien zum historischen Roman. Bern/Frankfurt/M., 1981.

HAUG, W.: Das Gespräch mit dem unvergleichlichen Partner - Der mystische Dialog
    bei Mechthild von Magdeburg als Paradigma für eine personale
    Gesprächsstruktur. In: STIERLE, K./WARNING, R. (Hg.): Das Gespräch.
    München, 1984.

JAN, E.v.: Französische Literaturgeschichte in Grundzügen. Heidelberg, 1967.

KÖHLER, E.: Das 19. Jahrhundert. Stuttgart, 1987. Bd. 1.

KÖHLER, J.: Jules Michelet: Geschichte der Französischen Revolution. Frankfurt/M.,
    1988. Bd. 1.

LÄMMERT, E.: Bauformen des Erzählens. Stuttgart, 1967. Zuerst 1955.
ders.: Zum Wandel der Geschichtserfahrung im Reflex der Romantheorie. In:
    KOSELLECK, R./STEMPEL, W.-D. (Hg.): Geschichte - Ereignis und
    Erzählung. München, 1973. S. 503-515.

LE GOFF, J.: Michelet et le moyen âge, aujourd'hui. In: MICHELET, J.: Oeuvres
    complètes. Paris, 1974. Bd. 4, S. 45-63.
ders.: Naissance du roman historique au XIIe siècle?. In: NRF 238 (Oktober 1972). S.
    163-173.

LÜTZELER, P.M.: Zeitgeschichte in Geschichten der Zeit. Bonn, 1986.

MAIGRON, L.: Le roman historique à lépoque romantique, Genève, 1970.

MAINGUENEAU, D.: Eléments de Linguistique pour le texte littéraire. Paris, 1993.

MINK, L.O: Narrative form as a cognitive instrument. In: FAY, B./GOLOB,
    E.O./VANN, R.T. (Hg.): Louis O. Mink. Historical understanding. New York,
    1987.

MOLINO, J.: Qu'est-ce que le roman historique? In: Roman historique. Sonderausgabe
    der Rhl 75, 2-3 (März-Juni) 1975. S. 195-234.

NÜNNING, A.: Theorie, Typologie und Poetik des historischen Romans. Von
    historischer Fiktion zu historiographischer Metafiktion. Trier, 1995. Bd. 1.

OLDENBURG, Z.: Le roman et l'histoire. In: NRF 238 (Oktober 1972). S. 130-155.

PALMADE, G.P.: Histoire. In: Universalis. Paris, 1993. Bd. 9, S. 359-363.

PEYRE, H.: Romantisme. In: Universalis. Paris, 1993. Bd. 16, S. 85-92.

QUANDT, S./SÜSSMUTH, H. (Hg.): Historisches Erzählen. Formen und Funktionen. Göttingen, 1982.

RAIMOND, M.: Le roman depuis la Révolution. Paris, 1981.

RÉMY, P.-J.: L'histoire dans le roman. In: NRF 238 (Oktober 1972). S. 156-160.

RIMMON-KENAN, S.: Narratuve fiction: contemporary poetics. London/New York, 1988. Zuerst 1983.

VIALLANEIX, P.: Michelet - Cent ans après. Grenoble, 1975.
ders.: La voie royale. Essai sur l'idée de peuple dans l'oeuvre de Michelet. Paris, 1971.
ders.: Vigny par lui-même. Paris, 1964.

WHITE, H.: Metahistory: the historical imagination in nineteenth-century Europe. Baltimore/London, 1993. Zuerst 1973.
ders.: Die Bedeutung der Form. Frankfurt/M., 1990.